De vie en vie

D1390282

Ulysse

Brigitte Labbé • Michel Puech

Illustrations de Jean-Pierre Joblin

MILAN
jeunesse

En faisant défiler rapidement les pages de ce livre, le dessin situé juste au bas de la page de droite s'animera.
Chaque livre de la collection *De vie en vie* a son *flip-book*.

Une cicatrice à vie

e sanglier au regard de feu sort de son épais fourré. Le jeune Ulysse brandit sa lance. Trop tard. De ses crocs aiguisés, l'énorme animal entaille la cuisse de l'adolescent. Rassemblant ses forces, Ulysse réussit à planter sa javeline dans la chair épaisse de l'animal, lui portant ainsi un coup mortel. La bête s'effondre en hurlant. Le sang coule à flots, la jambe d'Ulysse est en lambeaux, mais il vit. Et il vivra. On le transporte chez son grand-père, Autolycos, et, lorsqu'il est guéri, Ulysse rejoint ses parents, le roi et la reine de l'île d'Ithaque, une des nombreuses îles grecques.

De cette partie de chasse dans la région du mont Parnasse, Ulysse ne gardera qu'une longue cicatrice au-dessus du genou. Rien de plus qu'une marque inscrite à jamais dans sa chair. Aucune peur n'est entrée en lui.

Aujourd'hui, le voilà homme, marié à Pénélope, et roi d'Ithaque à son tour.

4

L'appel d'Agamemnon

Ulysse n'a pas le goût des armes, des combats et des exploits guerriers. Il aime la paix, son pays, et la vie de famille. Mais, devant l'insistance des autres rois grecs, il finit par accepter de quitter sa chère patrie, Ithaque, pour répondre à l'appel d'Agamemnon :

partir en guerre contre la ville de Troie. Agamemnon, Achille, Ajax, Nestor et tous les chefs des Grecs sont fermement décidés à s'unir contre les Troyens, afin de libérer la femme du roi Ménélas, la belle Hélène, que le fils du roi de Troie a kidnappée. Et la riche ville de Troie mérite d'être ensuite pillée et détruite.

5

L'homme aux mille ruses

Passent des semaines, des mois, des années et des années de guerre. Les vaillants combattants grecs ne trouvent aucune solution pour franchir les solides murailles qui entourent Troie. La ville semble totalement impénétrable, et ses richesses inaccessibles.

Mais la ruse ne peut-elle pas réussir là où la force échoue ?

La ruse n'est-elle pas capable d'ouvrir les portes contre lesquelles les meilleures armes se brisent ? Ulysse n'en doute pas. Il a déjà réussi à entrer dans la ville en se déguisant en mendiant, il a espionné les Troyens et rapporté de précieux renseignements sur l'ennemi. Mais, maintenant, son projet est plus ambitieux : faire entrer toute l'armée grecque dans Troie.

Les détails de son plan sont prêts. Il fait fabriquer un immense cheval en bois, creux, pour pouvoir cacher des guerriers à l'intérieur.

Une fois le cheval terminé, il entre dedans avec ses hommes. De l'extérieur, impossible de soupçonner que ce cheval en bois est rempli de guerriers. Ceux qui sont restés dehors suivent les ordres d'Ulysse : ils roulent l'immense construction devant la porte de Troie, puis repartent à leurs campements.

L'idée d'Ulysse est simple : il mise sur la curiosité des Troyens. Et il mise juste : les Troyens ne résistent pas à la tentation, ils veulent examiner ce cheval de plus près. Après s'être assurés qu'aucun guerrier grec ne rôdait alentour, ils sortent chercher le cheval et le font rouler à l'intérieur de leur ville. Le tour est joué : Ulysse et ses compagnons viennent de franchir les épaisses murailles. La nuit venue, il leur suffit de se glisser à l'extérieur du cheval, d'ouvrir les portes de Troie aux armées grecques, et de massacrer les Troyens endormis.

7

La guerre de Troie est gagnée, la belle Hélène est libérée, son mari Ménélas peut la ramener chez lui, à Sparte.

Tout le monde chante les exploits d'Ulysse aux mille ruses. Il s'embarque pour rentrer à Ithaque, couvert d'or et de gloire, avec ses valeureux compagnons. Il a hâte de revoir son pays, sa femme, Pénélope, et son fils, Télémaque.

8

Les dieux soufflent dans le mauvais sens

Mais pourquoi les dieux s'obstinent-ils à n'envoyer que de mauvais vents ? Les nefs d'Ulysse et de ses compagnons dérivent dans tous les sens, ils tournent en rond, ballottés sur les flots capricieux. Impossible, sur cette mer sombre et déchaînée, de maintenir le cap sur Ithaque. Chaque terre en vue réveille l'espoir des marins, avant de les faire plonger dans le plus profond désespoir : les rivages vers lesquels ces vents furieux les poussent sont toujours des terres inconnues.

9

Croquer le lotus et tout oublier

Les dieux, les vagues et les courants les repoussent une fois de plus vers une île inconnue. Ulysse envoie des éclaireurs pour s'informer sur les habitants de l'endroit.

Pas de danger, ils sont bien accueillis. Les Lotophages, qui se nourrissent uniquement de végétaux, leur offrent à manger de délicieux lotus. Mais, dès que les hommes envoyés par

Ulysse ont goûté à ce fruit de miel, ils refusent de revenir aux bateaux, ils refusent de quitter l'île. Ils veulent passer leur vie ici, à manger du lotus, cette plante qui leur fait tout oublier. Délivrés de ce voyage infernal, délivrés de la vaste mer et des vents furieux.

Pas question. Ulysse refuse de s'enfermer dans un rêve, il veut vivre. Entre le doux chemin que propose la drogue et celui, long et incertain, qui les attend, son choix est fait. Il ramène de force ses hommes en pleurs et les attache solidement sous les bancs des vaisseaux. Il donne l'ordre à ses compagnons de s'embarquer au plus vite et de frapper vigoureusement de leurs rames la mer blanchissante. Si la volonté de ses compagnons s'endort sous l'emprise des drogues, sa volonté à lui les arrachera aux tentations de l'oubli.

Le pays des cyclopes

Quand le géant s'avance vers lui, Ulysse ne trouve rien d'autre à faire qu'un long discours pour raconter les exploits de ses courageux guerriers pendant la guerre de Troie. Il rappelle aussi au géant que les dieux ordonnent de bien accueillir les étrangers.

Mais le cyclope n'en a rien à faire, ce sauvage n'a ni foi, ni loi. De son œil unique situé au milieu du front, il observe d'un air gourmand tous ces petits humains tremblants,

11

qui sont entrés dans son immense grotte et ont mangé ses fromages. Il en saisit deux au hasard, les découpe, et les avale jusqu'au dernier os.

Mais pourquoi Ulysse a-t-il voulu voir à quoi ressemblent les habitants de cette île étrange ? Ses hommes étaient rassasiés, il aurait dû les écouter quand ils voulaient repartir, en emportant des provisions trouvées sur l'île.

Au petit matin, après un nouveau repas de chair humaine, le cyclope quitte la grotte avec son troupeau de chèvres et de brebis. Sans oublier de rouler devant l'ouverture de la grotte un énorme rocher, que la force de cent hommes ne pourrait faire bouger d'un seul centimètre.

Après une nuit de gémissements, un projet commence à prendre forme dans le fond du cœur d'Ulysse.

12

Mon nom est « Personne »

Jamais le cyclope n'avait été aussi bien reçu à son retour chez lui : Ulysse lui propose du bon vin, et encore du vin, et encore et encore. Tout joyeux, le cyclope promet à Ulysse de le manger en tout dernier ! Puis il titube, et s'endort, ivre, l'esprit voilé par le vin. Profitant de ce moment de faiblesse, Ulysse s'empare du *13* long et gros bâton de bois qu'il avait repéré au fond de la caverne. Il l'a taillé en pointe et durci au feu. Avec l'aide de ses hommes encouragés par les dieux, il plante le bâton brûlant dans l'œil du cyclope endormi et tous appuient, appuient, en le faisant tourner. Les hurlements atroces du cyclope alertent les cyclopes voisins qui se précipitent devant la grotte. Ils lui demandent de l'extérieur qui l'attaque et lui fait tant de mal. « *Personne ! C'est Personne !* » hurle le cyclope

du fond de la caverne. Quand Ulysse servait du vin au cyclope, le géant lui a demandé son nom. « *Je m'appelle Personne* », a répondu Ulysse aux mille ruses. Puisque personne ne l'attaque, les cyclopes s'en retournent chez eux !

L'homme aux mille inventions

14

Mais maintenant, comment sortir de la grotte sans se faire attraper par les mains géantes du cyclope, fou de rage d'être aveugle, et qui ne cesse de chercher à tâtons les petits hommes ?

Dans le fond du cœur d'Ulysse, une solution se construit. Il fabrique des cordes et attache chaque homme sous le ventre d'un mouton. Quand le cyclope fera sortir son troupeau, il ne pensera pas à tâter sous le ventre des animaux.

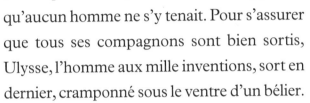

Et c'est ainsi que tout se
déroula : le cyclope fit sortir
les bêtes une à une, caressant
soigneusement au passage le dos
de chaque animal pour vérifier
qu'aucun homme ne s'y tenait. Pour s'assurer
que tous ses compagnons sont bien sortis,
Ulysse, l'homme aux mille inventions, sort en
dernier, cramponné sous le ventre d'un bélier.

15

L'erreur

Une fois tous ses hommes embarqués et ses
navires au large, Ulysse se met à crier en direction de l'île pour annoncer au géant que lui,
Ulysse, l'a vaincu. Quelle idée d'exciter ainsi
un sauvage ! Le cyclope, fou furieux, jette
d'immenses rocs en direction des navires. Il
les rate de peu, et les rochers, en tombant

dans la mer, soulèvent des vagues de plusieurs mètres de haut qui les font presque chavirer.

Ulysse aurait vraiment mieux fait de se taire et de partir discrètement. Les cyclopes sont des fils de dieux, et celui qu'Ulysse insulte est Polyphème, fils de Poséidon, le dieu aux sombres cheveux bleus, le dieu de la Mer. Polyphème supplie son père de le venger et de tuer Ulysse. Ou de l'empêcher à jamais de revenir chez lui, ou de l'y faire revenir seul et en rencontrant l'épreuve dans sa maison. Quel père ne vengerait pas son fils, victime de tant de souffrances et d'humiliation ?

Le cadeau d'Éole

Toutes les îles ne sont pas hostiles et dangereuses. Celle d'Éole est accueillante et Ulysse y est reçu avec amitié, durant un mois. Avant le départ d'Ulysse, Éole, chéri des dieux immortels, enferme tous les mauvais vents dans une outre en peau de bœuf et il donne le précieux sac à Ulysse. Ulysse peut reprendre la mer, les bons vents l'emmèneront droit vers Ithaque. Il dépose l'outre au fond du navire, elle est fermée d'un fil d'argent car aucun souffle ne doit passer. Après neuf jours de paisible navigation, les rivages d'Ithaque ravissent enfin les yeux d'Ulysse et de ses compagnons.

17

Heureux et épuisé, Ulysse se laisse glisser dans un doux sommeil. Ses compagnons, jaloux des richesses que rapporte Ulysse, se précipitent au fond du bateau pour voir la quantité d'or et d'argent que contient l'outre…

Aussitôt l'outre ouverte, les mauvais vents se lèvent et un ouragan de malheur emporte les hommes en pleurs vers le large, loin de leur

patrie. Jusqu'à leur point de départ, l'île d'Éole. Celui-ci est furieux de voir revenir Ulysse et d'apprendre qu'il a négligé son cadeau, qu'il n'a pas su en profiter. Il refuse de l'aider à nouveau et le chasse.

Circé aux belles tresses

Il ne reste plus qu'un seul navire, maintenant, celui d'Ulysse. Tous les autres navires ont coulé dans un fracas de malheur devant l'île de Lamos, brisés à coup de pierre par les géants Lestrygons. Des sauvages qui détestent les étrangers.

18

Le cœur affligé après la perte de leurs compagnons, Ulysse et les survivants voguent jusqu'à l'île d'Aïaïé. Un groupe d'éclaireurs, dirigé par Euryloque, explore l'île. Attirés par une belle voix de femme, les éclaireurs entrent dans son magnifique palais. La femme leur donne du fromage, de la farine d'orge et du miel frais, avec du vin. Du vin mélangé à de puissantes drogues. Ils le boivent d'un trait, et c'est alors qu'elle les frappe de sa baguette magique et les transforme en porcs. Euryloque, ayant flairé un piège, n'était pas entré dans le palais. Il court avertir Ulysse et le presser de s'enfuir. Mais Ulysse veut sauver ses hommes. Il part, seul, vers le palais de Circé, la redoutable déesse.

19

En chemin, le dieu Hermès lui apparaît et lui donne une protection contre la drogue de Circé aux belles tresses, fille du Soleil et petite

fille de l'Océan. Il lui explique aussi comment agir : quand Circé sortira sa longue baguette pour le transformer en animal, il se jettera sur elle avec son épée comme s'il voulait la tuer. Elle prendra peur, et, à ce moment-là, il devra lui faire jurer de ne plus essayer de l'ensorceler et de libérer ses compagnons. Alors, quand elle aura prêté le grand serment, Ulysse devra rejoindre le lit de Circé.

Du lit de Circé aux nuits noires d'Hadès

Chaque soir, Ulysse rejoint le lit incomparablement beau de Circé aux belles tresses. Ses compagnons, baignés et huilés, font fête chaque jour aux viandes et aux vins délicieux. Mais au bout d'un an, reprenant force et courage, leur désir de revoir leur patrie devient

plus grand que tout. Ils supplient Ulysse de
bien vouloir partir. Les plaisirs partagés avec
Circé n'ont pas complètement étouffé la
volonté d'Ulysse, il veut toujours finir son
voyage et rentrer à Ithaque. Son cœur se laisse
persuader.

Il supplie à son tour Circé de le laisser
rejoindre sa maison. Circé ne veut pas retenir Ulysse malgré lui. Mais elle lui explique
qu'il ne peut pas rentrer directement à Ithaque,

il doit d'abord se rendre au pays des morts, aux demeures d'Hadès. Là, il rencontrera l'âme de Tirésias, un sage devin, qui lui donnera les conseils à suivre pour effectuer son retour sur la grande mer salée.

À l'idée de ce voyage dans la nuit des morts, Ulysse pleure, ses compagnons versent des flots de larmes, ils s'arrachent leurs longs cheveux, mais tout cela ne change rien.

Les avertissements de Tirésias

Après avoir navigué pour atteindre les limites de l'océan, Ulysse se rend au rivage indiqué par Circé. Il y creuse un trou, y verse du miel, du vin, puis de l'eau, saupoudre de farine blanche, il fait des supplications, il promet des sacrifices à son retour à Ithaque, puis il coupe le cou d'un bélier et d'une brebis noire. Le sang du sacrifice coule, un nuage noir se forme. Alors les âmes des morts sortent dans un vacarme de cris. Ulysse est saisi d'une peur verte. Parmi la foule d'âmes qui va et vient autour du trou, celle de Tirésias le reconnaît et lui dit :

« Tu as aveuglé le fils de Poséidon, il ne te pardonnera jamais, sa colère est immense. Mais voici pourtant comment toi et tes compagnons avez des chances de parvenir à Ithaque. Sur l'île de Thrinacie, tu verras pâturer de magnifiques vaches et de gras moutons. N'y touche pas. Ils appartiennent au Soleil. Si tu leur fais le moindre mal, alors tu perdras ta nef et tous tes compagnons ; et toi-même, si tu parviens à survivre et à rentrer chez toi, ce sera dans très longtemps, seul, et tu trouveras ta maison remplie de pillards qui courtisent ta femme... »

23

Tirésias raconte ensuite à Ulysse les combats qu'il devra mener à Ithaque, il lui explique les

sacrifices qu'il devra faire pour pouvoir vivre en paix et mourir vieux, d'une douce mort.

Ulysse retourne sur sa nef, fait détacher les câbles, et, très vite, un bon vent remplit la voile et les ramène sur le grand océan.

Résister à la tentation

« Viens, viens, illustre Ulysse… Approche ta nef pour écouter nos chants, laisse-toi charmer par nos voix ! Personne n'est jamais passé près de nos prairies fleuries sans s'arrêter pour écouter nos chants. »

C'est vrai, personne ne peut y résister, personne ne peut s'empêcher de rejoindre les divines Sirènes. Leur île déborde des ossements des humains qui se sont laissé charmer par leurs voix. Averti par Circé de ce piège mortel, Ulysse a soigneusement bouché les oreilles de ses compagnons avec de la cire. Mais lui veut goûter à la joie d'écouter leurs chants. Il s'est fait solidement attacher au mât de son navire. Les voix sont trop belles, Ulysse fait signe à ses compagnons de le détacher pour qu'il puisse s'approcher des Sirènes. Heureusement, Circé avait tout prévu et les hommes sont avertis : ils n'obéissent pas à Ulysse, et, au contraire, ils se précipitent pour resserrer ses liens.

Ulysse connaît ses faiblesses d'homme. Mais il ne voulait pas se priver de ce plaisir si extraordinaire, il a su prévoir et se protéger.

Six hommes sacrifiés

Le chant des Sirènes est maintenant loin derrière eux. Ulysse aperçoit de grandes vagues et entend un terrible fracas. Ils approchent du deuxième danger contre lequel Circé l'a mis en garde : un redoutable détroit. D'un côté, la grotte noyée dans la brume d'où sortent les six têtes de Scylla, le monstre immortel qui se nourrit de tout ce qui passe sur l'eau ; de l'autre

26

côté, Charybde, cachée au fond d'une grotte, qui engloutit la mer trois fois par jour et la rejette avec une telle violence que tout est détruit au passage. Ulysse sait ce qu'il doit faire. Il va naviguer le plus loin possible de Charybde, sinon son navire sera détruit et tous les hommes engloutis. Il est donc obligé de passer près de Scylla, en sachant que les six mâchoires de Scylla emporteront six de ses hommes.

27

Ulysse a eu le courage de n'en parler à personne, il n'a pas prévenu ses hommes pour que la terreur ne les paralyse pas et ne les empêche pas de ramer pour franchir le détroit.

Voir ses six compagnons soulevés en l'air par les énormes mâchoires de Scylla, voir leurs pieds s'agiter et leurs mains se tendre vers lui restera le pire souvenir d'Ulysse. Mais il est le chef. Il devait prendre, seul, la responsabilité de sacrifier six hommes pour sauver tous les autres.

Les hommes sont épuisés

Aussitôt les rochers de Charybde et Scylla franchis, Ulysse et ses hommes aperçoivent les belles vaches et les robustes moutons, sur l'île du Soleil Hypérion. Quand Ulysse informe ses compagnons qu'ils doivent éviter l'île, leur cœur se brise. Euryloque, parlant en leur nom, traite Ulysse d'obstiné. Après tous les malheurs qu'ils viennent de traverser, ils ont le droit de mettre pied à terre, de se reposer et de se préparer un bon repas. Attentif aux supplications de ses hommes épuisés, Ulysse accepte de modifier ses plans. Mais il les fait tous jurer de se contenter des abondantes provisions fournies par Circé et de ne pas tuer une seule vache ou un seul mouton. Après avoir achevé le serment, ils débarquent, sans s'éloigner de la nef. Dès l'aurore, ils repartiront sur la large mer.

Le Soleil menace de disparaître

Mais, avant que paraisse l'aurore aux doigts roses, Zeus, le roi des dieux, fait se lever un terrible vent, il recouvre de nuages la terre et la mer à la fois. La tempête dure un mois, empêchant Ulysse et ses compagnons de quitter l'île. Voyant les provisions se terminer, Ulysse décide de monter sur une hauteur dans l'île pour prier les dieux, espérant que l'un d'eux lui vienne en aide. Mais les dieux alourdissent les paupières d'Ulysse et il glisse dans un doux sommeil.

29

Euryloque profite de l'absence d'Ulysse pour convaincre les hommes de tuer quelques bêtes du grand troupeau du Soleil. Il vaut mieux risquer la colère des dieux que de mourir de faim. Et puis ils pourront toujours essayer de calmer les dieux, alors que s'ils se laissent mourir de faim, tout est fini pour eux.

Ulysse, sorti de son sommeil, est déses-
péré, mais il n'y a plus rien à faire. Pendant
six jours, les hommes se régalent des meilleures
viandes choisies dans le troupeau du Soleil.
Ulysse, cette fois, s'est approché trop près de
la tentation. Cette fois, il n'a pas su prévoir
les faiblesses de ses compagnons.

Au septième jour, les vents et l'ouragan se
calment. Les hommes lancent la nef sur la mer
et hissent la voile blanche. Ils ne savent pas
qu'Hypérion, le Soleil, est allé se plaindre à
Zeus, et qu'il a menacé de s'enfoncer dans le

royaume des morts, de ne plus briller sur la terre des hommes et des dieux, si Zeus ne punit pas terriblement les compagnons d'Ulysse.

Tempête fatale

Le vent brise le mât, qui s'écrase sur la tête du pilote, lui broyant tous les os. Zeus lance la foudre sur le navire. Tous les compagnons d'Ulysse tombent à l'eau. Une gigantesque vague brise la coque du navire. Ulysse réussit à saisir une courroie pour attacher la quille à un bout de mât. Il s'accroche désespérément à ce petit radeau. Tous ses compagnons sont noyés, emportés par les flots. Ulysse, lui, dérive pendant neuf jours en pleine mer. La dixième nuit, il aborde dans l'île d'Ogygie. Seul, totalement seul maintenant, comme l'avait dit le devin Tirésias.

31

Sept années chez Calypso

Sur l'île d'Ogygie se trouve la demeure de Calypso, la déesse céleste aux belles tresses. Calypso accueille Ulysse le naufragé, elle le nourrit, elle s'occupe de lui et l'habille de vêtements d'immortalité. Elle veut garder Ulysse près d'elle, et elle lui offre la jeunesse éternelle.

32

Mais le cœur d'Ulysse est lourd, ses larmes ne cessent de couler. Son désir de revoir Ithaque ne le quitte pas. Calypso ne comprend pas pourquoi elle ne réussit pas à chasser la mortelle Pénélope des pensées d'Ulysse, elle ne comprend pas que ses charmes et ses cadeaux n'achètent pas tout. Au bout de sept années, Athéna, fille de Zeus, voyant Ulysse pleurer chaque jour, demande à son père de le libérer. Zeus accepte, il envoie son messager Hermès chez Calypso pour ordonner

la libération d'Ulysse. La hui-
tième année, Calypso laisse
partir Ulysse sur un
solide radeau.

Étrange mortel
qui refuse l'amour
d'une déesse pour celui d'une mortelle…
Calypso souffle des vents tièdes et sans danger, pour envoyer Ulysse au pays des
Phéaciens, à dix-sept jours de navigation. Les
Phéaciens, excellents marins, raccompagne-
ront Ulysse, qui a traversé tant de maux, à
Ithaque.

33

La rancune de Poséidon

Mais Poséidon a l'œil. Il repère aussitôt
Ulysse sur la vaste mer et lui envoie tempêtes
et ouragans. Les vagues géantes précipitent le

radeau d'Ulysse contre les rochers, il tombe à l'eau, il nage dans les flots tourmentés. Impossible d'aller à terre, la côte n'est faite que de rochers contre lesquels il se fracasserait. Alors Athéna lui souffle l'idée de se cramponner à un rocher, d'attendre que la vague se retire et de nager le long de la côte, en restant un peu au large, jusqu'à ce qu'il trouve un endroit où aborder. Ulysse nage, nage, puis arrive à l'embouchure d'un fleuve. Il s'effondre sur la rive, épuisé, nu, la peau complètement boursouflée.

L'espoir renaît

Soudain, des cris le réveillent. C'est Nausicaa, fille d'Alcinoos, roi des Phéaciens. Elle joue à la balle avec ses servantes venues laver le linge dans la rivière.

Ulysse s'approche. Les servantes, effrayées par cet homme, s'enfuient. Mais Nausicaa au beau visage reste, elle écoute Ulysse, elle entend ses prières. Elle ordonne aux servantes de revenir, de donner à l'étranger de l'huile pour soigner son corps et des vêtements pour se couvrir. Nausicaa préfère ne pas rentrer en ville en compagnie d'un étranger, alors elle indique à Ulysse la direction du palais de son père.

35

Au palais, le père de Nausicaa, le roi Alcinoos, invite Ulysse à de somptueux festins, accompagnés des chants de Démodocos, un illustre aède à qui les dieux ont donné l'art de chanter de magnifiques histoires. Alcinoos aimerait garder près de lui Ulysse, cet homme puissant bâti comme un Immortel. Mais Alcinoos accepte de faire préparer un navire pour

Ulysse et il lui offre une escorte de cinquante-deux marins choisis parmi ses meilleurs hommes, pour qu'il atteigne enfin sa patrie et sa maison. Ulysse aux mille projets voit enfin le bout du chemin.

Pauvre Ithaque !

36

À Ithaque, le plus grand désordre règne dans la demeure d'Ulysse. Des jeunes gens, des rois et fils de rois, des seigneurs, se sont installés dans le palais d'Ulysse. Ils sont certains qu'Ulysse est mort, ils profitent de ses biens, ils font des banquets chaque jour, ils sacrifient bœufs, moutons et chèvres, et vident les jarres de vin. Ils veulent aussi que la femme d'Ulysse, Pénélope, épouse l'un deux pour qu'il devienne roi d'Ithaque, ou qu'il parte en emportant Pénélope et toutes les richesses

d'Ithaque. Pénélope, qui ne peut arrêter ses larmes, ne sait plus quoi faire pour résister à cette foule de prétendants qui vivent sous son toit et pillent les biens de son mari.

Elle a promis que le jour où l'étoffe qu'elle tisse serait terminée, elle se marierait avec l'un des prétendants. Cela fait trois ans qu'elle tisse, car, chaque nuit, elle va en secret défaire le travail de sa journée. Mais, depuis qu'une servante l'a surprise et l'a dénoncée, Pénélope ne peut plus ruser. Son ouvrage est bientôt terminé. Elle va devoir choisir un nouveau mari.

37

Télémaque part chercher son père

Télémaque a grandi auprès de sa mère pleurant chaque jour son mari, il l'a vue subir

chaque jour le harcèlement des prétendants. Il a grandi parmi ces hommes qui ne respectent rien. Il est grand aujourd'hui, et sa décision est prise : il part sur les mers à la recherche de son père, que tout le monde croit mort dans un pays lointain.

Mentor, un vieux compagnon d'Ulysse, accompagne Télémaque. Télémaque ne sait pas que la déesse Athéna a pris l'apparence du fidèle Mentor pour l'aider et le guider. Ils arrivent tous les deux chez Nestor, un des rois qui a combattu à la guerre de Troie. Mais Nestor, qui n'a aucune nouvelle d'Ulysse, les envoie à Sparte chez Ménélas et Hélène. C'est là que, pour la première fois, Télémaque entend parler des exploits de son père à la guerre de Troie, de la gloire d'Ulysse aux mille ruses, d'Ulysse aux mille inventions, d'Ulysse aux mille projets, l'illustre Ulysse, de la race de Zeus.

Ulysse sort du brouillard

Ulysse, allongé au pied de l'olivier sous lequel les Phéaciens l'ont déposé, sort de son sommeil. Autour de lui, un épais brouillard. Qu'est-ce encore que ce pays ? Pourquoi les Phéaciens aux longues rames l'ont-ils abandonné en ces lieux inconnus ? N'avaient-ils pas promis de le raccompagner à Ithaque ? Qui va-t-il encore rencontrer ?

La déesse Athéna vient mettre fin à ces questions. Elle apparaît à Ulysse sous la forme d'une belle jeune femme qui disperse le brouillard. Et voilà la claire Ithaque qui se dévoile aux yeux d'Ulysse. Ithaque ! Sa chère patrie !

Athéna ne lui laisse pas le temps de se réjouir. Il faut songer maintenant à reconquérir sa maison occupée par tous les prétendants. Ulysse aux mille inventions doit

39

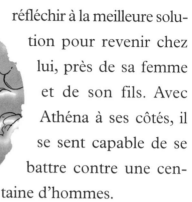

réfléchir à la meilleure solution pour revenir chez lui, près de sa femme et de son fils. Avec Athéna à ses côtés, il se sent capable de se battre contre une centaine d'hommes.

40

Observer l'ennemi

Pas de précipitation. Athéna et Ulysse choisissent de ne pas combattre tout de suite. Ils décident d'observer d'abord l'ennemi, d'espionner, de démasquer les traîtres et de repérer les fidèles, de savoir sur qui ils peuvent compter. Évidemment, pour réussir cette première partie du plan, personne ne doit reconnaître Ulysse.

Alors Athéna touche Ulysse de sa baguette. Aussitôt, la peau d'Ulysse se ride, ses bras puissants et ses jambes robustes se recouvrent d'une peau de vieillard, ses cheveux blonds disparaissent, ses beaux yeux s'abîment, des vêtements sales et déchirés pendent sur ses épaules voûtées. Ulysse, transformé en vieux mendiant épuisé, s'appuie sur son bâton et marche vers l'endroit que lui a indiqué Athéna.

41

Il doit se rendre chez Eumée, le gardien de ses troupeaux, son porcher. Pendant toutes ces années, Eumée s'est occupé des biens d'Ulysse et ne l'a jamais trahi.

Ulysse écoute et s'instruit

Ulysse est ému par l'accueil d'Eumée. Le porcher craint les dieux, il obéit au dieu Zeus qui demande d'accueillir les étrangers. Il donne

à manger au vieux mendiant, il lui ouvre sa cabane, et aussi son cœur. Que de souffrances depuis que son maître Ulysse a disparu, depuis que son maître égal aux dieux est parti au secours d'Hélène et a perdu la vie. Et Eumée de décrire à Ulysse la manière dont les prétendants vivent, mangent, boivent, pillent toutes les richesses du palais sans rien respecter. Et Eumée de décrire à Ulysse les larmes de Pénélope et ses cris de douleur. Et Eumée de décrire le piège préparé par les prétendants pour tuer Télémaque à son retour.

Le père et le fils

Télémaque a échappé à l'embuscade, il est rentré et il est venu directement chez le fidèle Eumée, où il a fait connaissance avec le mendiant étranger. Le moment est venu pour Ulysse de se faire reconnaître par son fils. Athéna touche Ulysse de sa baguette et lui rend sa jeunesse, sa robustesse, sa belle peau brunie. Télémaque a vu un vieux mendiant sortir de la cabane, et c'est un homme magnifique qui revient. Il croit voir un dieu et lui propose aussitôt des offrandes pour lui être agréable et s'attirer ses faveurs.

« Non je ne suis pas un dieu, répond Ulysse, je suis ton père. » Devant les doutes de Télémaque, Ulysse lui explique comment Athéna le transforme. Le père et le fils tombent alors dans les bras l'un de l'autre, ils sanglotent et laissent

couler leurs larmes. Puis, ne perdant pas de temps, les deux hommes discutent de la suite de leur plan.

Télémaque va se rendre au palais, et enlever toutes les armes de la grande salle où les banquets et les fêtes se déroulent. Si on lui pose des questions, il dira qu'il veut protéger les prétendants. Car, sous l'effet du vin, ils peuvent se disputer, saisir les armes et se blesser les uns les autres. Ulysse, en vieux mendiant, ira le rejoindre au palais. Télémaque devra se montrer fort et ne révéler à personne qu'il s'agit d'Ulysse. À personne. Même pas à Pénélope.

Revoir Ulysse et mourir

Le vieux chien remue la queue et rabat ses deux oreilles. Il aimerait courir vers le mendiant qui passe près de lui, mais il ne peut plus

bouger. Ulysse détourne la tête pour qu'Eumée
ne voit pas ses larmes et ne se doute de rien.
Ulysse a reconnu son chien Argos, son cher
Argos. Ulysse est bouleversé. Vingt ans ont
passé depuis son départ d'Ithaque et Argos
reconnaît son maître, malgré ce déguisement
de mendiant! Ulysse est bouleversé aussi de
voir qu'aucun serviteur ne s'occupe de son
chien, étalé sur un tas de fumier. Mais les souffrances d'Argos sont terminées : après le passage de son maître, le vieux chien rend l'âme.

45

Subir sans rien dire

Au palais, les prétendants font la fête dans
la grande salle. Un aède, accompagné de sa lyre,
chante et conte de belles histoires. Guidé par
Eumée et inspiré par Athéna, Ulysse, courbé
sur son vieux bâton, passe de prétendant en

prétendant pour mendier un peu de nourriture. Ils sont tous étonnés de voir ce vagabond inconnu, mais chacun, à son passage, dépose dans son vieux sac un peu de pain, un peu de viande. Sauf Antinoos. Lui ne veut rien donner et demande que l'on chasse cet étranger du palais. Ulysse s'étonne et le lui dit : Comment se fait-il qu'il ne veuille rien partager, alors que lui-même profite depuis des années des biens d'un autre homme ?

À ces mots du mendiant, Antinoos explose de colère et lance un escabeau sur Ulysse. Ulysse le reçoit sur l'épaule, mais il ne bouge pas. La plupart des prétendants avertissent Antinoos et lui recommandent d'être prudent : il arrive que les dieux apparaissent aux mortels sous la forme de mendiants, il ne devrait pas frapper ce vagabond. Au fond de la salle, Télémaque retient ses larmes. C'est terrible pour lui de voir son père ainsi frappé et humilié, dans sa propre demeure.

Pénélope et le mendiant

Pénélope, avertie de la présence du mendiant étranger dans son palais, veut le voir et le questionner. Elle veut savoir d'où il vient. Ulysse invente toute une histoire pleine de mensonges, il lui parle même d'Ulysse et raconte qu'il l'a accueilli chez lui, pendant douze jours. À ces mots, Pénélope ne peut retenir ses larmes. Ulysse la regarde pleurer, mais son cœur ne se laisse pas atteindre, le moment n'est pas venu de se faire reconnaître. Pénélope lui raconte qu'elle a épuisé toutes les ruses et qu'aujourd'hui elle n'a plus le choix : son mari

47

ne reviendra pas, son fils est adulte, elle doit se marier pour essayer d'emmener loin du palais tous ces voleurs. Ulysse voit à quel point la souffrance de Pénélope est grande, il lui prédit le proche retour de son mari, mais la reine n'en croit pas un mot.

Tout nu, et démasqué

Prenant le mendiant en amitié, Pénélope ordonne à sa vieille servante Euryclée de lui préparer un bain. En s'approchant de lui, la vieille femme remarque une cicatrice sur la jambe du mendiant. Elle n'a aucun doute, elle qui s'est occupée d'Ulysse depuis le jour de sa naissance : l'homme qui se tient devant elle est son maître, l'illustre Ulysse. De joie et de frayeur, Euryclée renverse le chaudron et toute l'eau se répand sur le sol. La déesse Athéna détourne aussitôt le regard de Pénélope et l'entraîne dans des pensées, loin de ce qui se passe à côté d'elle. Ulysse attrape Euryclée et se fait menaçant. Peu lui importe qu'elle l'ait nourri au sein, peu lui importe qu'elle soit sa petite mère. Si elle parle, elle sera tuée le jour où il tuera les servantes qui l'ont trahi.

Euryclée n'a pas besoin des menaces d'Ulysse. Muette, non par peur mais par fidélité à son maître, elle lave Ulysse et le frotte d'huile. Il se recouvre ensuite de ses vêtements déchirés, prenant soin de bien cacher sa cicatrice. Alors Pénélope, sortie des pensées dans lesquelles Athéna l'avait envoyée, informe Ulysse de sa décision : elle va organiser une compétition entre les prétendants et elle quittera le palais avec le vainqueur, laissant à son fils Télémaque un palais débarrassé de tous ces horribles profiteurs.

49

L'arc d'Ulysse

Pénélope entre dans la grande salle, l'arc d'Ulysse à la main. Elle s'adresse aux prétendants : « *Celui qui réussira à bander l'arc du divin Ulysse et d'une seule flèche traversera les douze fers de hache alignés, celui-là, je le suivrai.* »

Les prétendants se succèdent, tous désireux de tendre l'arc et de tirer la flèche. Mais tous ceux qui essaient échouent.

Le vieux mendiant s'avance et demande à essayer. Antinoos refuse de laisser ce vagabond participer au concours, mais Pénélope le rassure. Comment imaginer que cet étranger l'épouse ? C'est ridicule. Sans explication, Télémaque ordonne à sa mère de quitter la salle et d'aller s'enfermer dans ses appartements. Surprise, Pénélope obéit et s'en va pleurer son mari disparu.

Le mendiant, sans effort, tend le grand arc, saisit une flèche, tire la corde et lance la flèche. Les prétendants changent de couleur. La flèche passe toutes les haches et ressort de l'enfilade. Télémaque, armé de son glaive et de sa javeline, rejoint son père d'un bond. Le massacre va commencer.

Bain de sang

La première flèche que lance Ulysse est pour Antinoos. Droit dans la gorge. La deuxième dans la poitrine d'Eurymaque. Amphinomos s'avance vers Ulysse en brandissant son épée, mais Télémaque le frappe par-derrière et le transperce de sa pique. Une pluie de flèches

s'abat sur les prétendants, le sang gicle de tous les côtés. Les prétendants résistent, ils lancent des javelines qu'on leur a apportées mais Athéna les détourne toutes et elles n'atteignent ni Ulysse, ni Télémaque. Ulysse n'épargne personne, il n'a aucune pitié. Ceux qui demandent son pardon sont égorgés d'un coup de glaive. Ulysse fait seulement sortir de la salle l'aède aux mille récits qui était forcé d'accompagner les banquets de ses chants. Et aussi Médon, le serviteur qui a pris soin de Télémaque quand il était enfant.

Tous les prétendants sont maintenant morts, leurs corps gisent sur le sol dans une mare de sang. Mais Ulysse interdit que l'on se réjouisse. Tuer des êtres méchants n'est ni un triomphe, ni une victoire. Ce n'est que justice.

Maintenant, c'est au tour des servantes. Ulysse fait chercher les douze servantes qui

52

l'ont trahi. Il leur ordonne d'emporter les cadavres, de tout nettoyer à grande eau, de frotter les meubles et le sol, et de tout remettre en ordre. Leur tâche terminée, Ulysse fait pendre les douze traîtresses.

Alors, l'ouvrage accompli, Ulysse prend soin de désinfecter la salle et la demeure avec du soufre et du feu. La purification terminée, une terrible envie de gémir et de pleurer l'envahit.

53

Le cœur fermé

« *Pénélope, Pénélope ! Réveille-toi ! Ulysse est revenu, Ulysse est là, à la maison ! Il a tué tous les prétendants ! Il m'envoie pour te chercher !* »

Euryclée, en joie, monte en courant prévenir sa maîtresse du retour d'Ulysse. Mais la sage Pénélope pense que la vieille femme est en train de perdre la raison, elle lui demande d'arrêter

de se moquer si cruellement d'elle. Pénélope descend tout de même dans la grande salle, elle veut voir son fils Télémaque et rencontrer celui qui a tué les fiers prétendants.

Dans la grande salle, face à Ulysse vêtu de ses vêtements de mendiant, Pénélope reste distante et silencieuse. Télémaque est choqué par la froideur de sa mère. Il ne comprend pas qu'après vingt ans de séparation et tant de souffrances le cœur d'une femme ne peut s'ouvrir à un étranger qui dit être son mari. La sage Pénélope veut être sûre de ne pas être trompée.

Un signe qui ne trompe pas

Ulysse est maintenant lavé, son corps robuste est huilé, il est vêtu d'une tunique et recouvert d'un magnifique manteau. Athéna fait resplendir Ulysse de beauté. Tel qu'il est maintenant, il ressemble à un dieu immortel. Mais Pénélope, l'épouse au cœur fidèle, reste froide et distante. Ulysse lui trouve un cœur de fer, il ne souhaite plus qu'une chose : un lit pour dormir.

55

Aussitôt, la sage Pénélope ordonne que l'on aille chercher le lit de son cher Ulysse et qu'on le transporte hors de sa chambre. Elle sait parfaitement que personne ne peut obéir à son ordre : le lit d'Ulysse n'est pas transportable, impossible de le bouger. Ulysse l'a taillé dans un arbre, puis il a fait construire leur chambre autour de l'arbre.

En entendant l'ordre donné par Pénélope, Ulysse demande qui pourrait bouger son lit, ce lit taillé dans un olivier gros comme une colonne, aux racines profondes. En entendant cet étranger donner tous ces détails que seuls Ulysse et elle connaissent, Pénélope sent son cœur s'ouvrir. Elle se jette dans les bras d'Ulysse. Ulysse pleure, l'émotion est immense de tenir enfin dans ses bras la femme que son cœur n'a jamais oubliée.

La plus longue nuit d'amour

La déesse Athéna prolonge la nuit pour ne pas interrompre les délices de l'amour que Pénélope et Ulysse retrouvent. Après les joies de l'amour, les joies des récits. Chacun raconte à l'autre ses vingt années de vie. Ulysse raconte tout, il ne cache rien. Les Lotophages, le Cyclope, les Lestrygons, la mort de ses compagnons et la destruction de tous les vaisseaux, à part le sien, Circé et ses inventions, le séjour chez les morts et le devin Tirésias, les voix des Sirènes, les terribles Charybde et Scylla, les vaches du Soleil tuées par ses compagnons, l'ouragan, les tempêtes, la déesse Calypso qui voulait le garder comme mari mais qui ne gagna jamais son cœur… Et puis, arrivé au récit des Phéaciens, Athéna fait se lever l'aurore.

57

La paix ou la foudre

Dans le palais d'Ithaque, on entend les gémissements des familles venues chercher les corps des prétendants. Le père d'Antinoos,

le premier prétendant tué par Ulysse, veut venger son fils et tous les autres. Il entraîne avec lui une foule d'hommes armés, prêts à se battre contre celui qui est revenu à Ithaque pour faire couler le sang, après avoir perdu tous les siens sur la vaste mer.

Quand la foule s'approche d'Ulysse, Athéna, encouragée par Zeus à aller semer la paix et l'amitié sur la terre d'Ithaque, fait s'envoler les armes des mains des hommes. Effrayés, ils font tous demi-tour, mais Ulysse, armé, le corps revêtu de bronze, les pourchasse en hurlant.

Athéna l'arrête. Elle lui demande de se calmer et de se contrôler. De faire maintenant régner la paix entre les hommes. Sinon, il s'attirera la colère foudroyante de Zeus.

Ulysse obéit à la déesse. Il est heureux que la violence prenne fin.

Le grand aède Homère

Depuis des milliers d'années, depuis que le grand aède Homère a chanté les exploits d'Ulysse, le monde entier connaît *l'Odyssée*, cet immense et magnifique poème qui raconte le voyage d'Ulysse. Un poème qui célèbre la persévérance des humains, leur intelligence, la force de leur volonté, la merveilleuse habileté des humains à franchir toutes les difficultés. ■

Sommaire

Le poète Homère, vers le début du VIIe siècle avant J.-C., compose les deux récits fondateurs de la culture grecque de l'Antiquité : *l'Illiade*, racontant la guerre de Troie, et *l'Odyssée*, racontant le voyage d'**Ulysse** (Odysseus, en grec) pour retourner chez lui, dans l'île d'Ithaque, après la guerre de Troie. Le personnage d'Ulysse, connu dans le monde entier et admiré à toutes les époques, représente l'intelligence humaine, la volonté persévérante qui triomphe de tous les obstacles, et finit par rétablir la justice. Dans un récit où les dieux interviennent toujours pour expliquer les événements naturels et inspirer les décisions humaines, Ulysse subit les plus cruelles désillusions, il traverse les pires épreuves, il commet des erreurs et perd presque tout. Mais jamais il ne renonce. La vie de cet aventurier imaginaire est inoubliable, parce qu'elle célèbre ce que l'humain peut avoir de meilleur.